W0382353

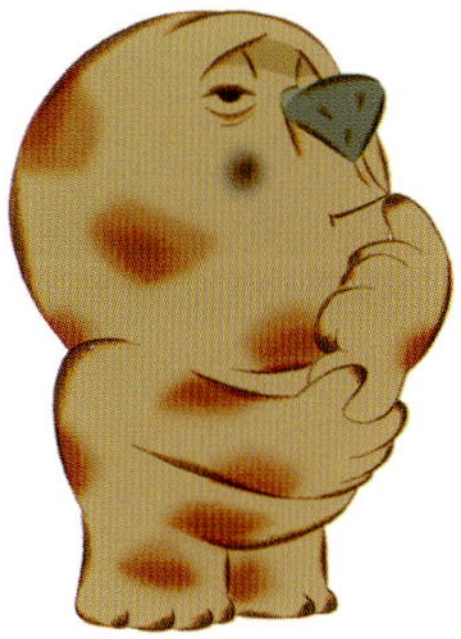

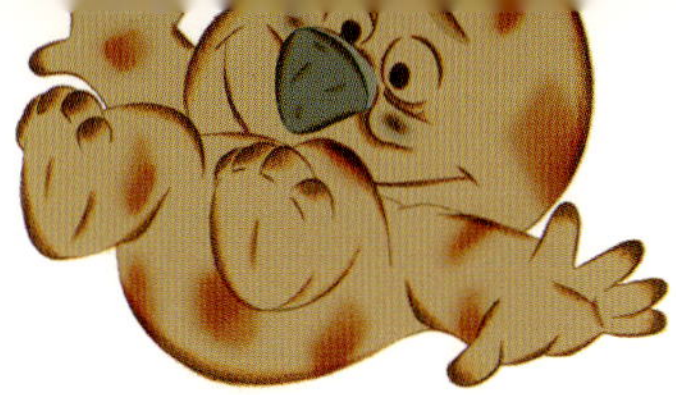

MIA ET LE MIGOU

Un conte de Jacques-Rémy Girerd · Illustré par Benoît Chieux

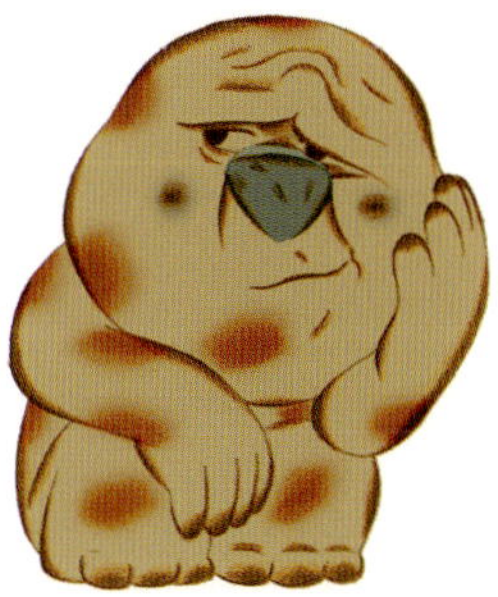

MILAN jeunesse

À Mi(n)a

J.-R. G.

À Franceline

B. C.

D'après le film *Mia et le Migou*, réalisé par Jacques-Rémy Girerd.
Scénario : Jacques-Rémy Girerd, Iouri Tcherenkov, Antoine Lanciaux, Benoît Chieux.
Production : Folimage (www.folimage.fr)

Un grand merci à Maryse, Chloë, Benjamin, Zoïa, Annette, Gaël, Susanne, Izú, Benoît, Patrick, Jean, et tous les autres...

© 2008 Éditions Milan
300, rue Léon-Joulin, 31101 Toulouse Cedex 9 – France
www.editionsmilan.com
Loi 49.956 du 16.07.1949 sur les publications destinées à la jeunesse.
Dépôt légal : 4e trimestre 2008
ISBN : 978-2-7459-3217-4
Imprimé en Italie par Canale
Création graphique : Bruno Douin
© Folimage / Enanimation / Gertie / France 3 Cinéma /
Rhône-Alpes Cinéma / Sayers Studios / Bayard Presse

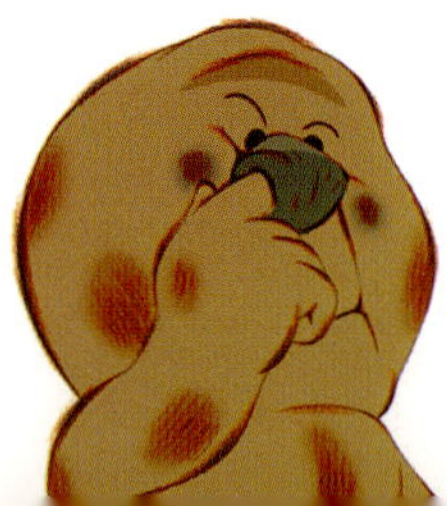

Toutes les nuits, je fais le même rêve. Un rêve épouvantable. Je vois mon papa. Des machines. Un tunnel… et ce tunnel qui s'effondre sur lui. Chaque fois, je me réveille en sursaut, toute tremblante. Papa… mon petit Papounet… Où es-tu ?

C'est à cause de la sécheresse. Il n'y avait plus de travail au village. Alors mon papa est parti, ça fait déjà longtemps. Tout ce que je sais, c'est qu'il travaille maintenant sur un chantier, au milieu d'une immense forêt. Ce matin, ma décision est prise : je vais partir à sa recherche. Je veux être sûre qu'il ne lui est rien arrivé et que mon rêve n'est qu'un affreux cauchemar. Je ne peux plus vivre sans lui. Avant de prendre la route, je vais me recueillir sur la tombe de ma petite maman chérie pour lui dire au revoir. Je lui murmure :

– T'en fais pas, j'ai plus cinq ans ! Je peux me débrouiller toute seule, tu sais...

Partout, c'est la même chaleur, la même pauvreté, les mêmes villages abandonnés. Ça fait si longtemps qu'il n'a pas plu !

Près d'un pont effondré, je rencontre un groupe d'enfants qui me regardent avec des yeux ronds :

– Aller dans la forêt ? Mais t'es folle ! Personne n'est jamais revenu de là-haut !

Ils peuvent toujours causer. Tout ce que je veux, c'est traverser la rivière. Pablo, le grand frère, accepte de m'aider. À bord de son radeau de bric et de broc, nous plongeons de la falaise.

Je peux continuer ma route.

– Quoi ?! Franchir la montagne ?! Traverser la forêt ? Mais cet endroit est maudit, jeune insouciante ! Tu te rends pas compte !

C'est le père Mabœuf qui me fait les gros yeux. Il m'a prise sur sa drôle de bicyclette pour m'avancer un peu. Maintenant qu'il sait où je vais, il voudrait que je renonce. Mais c'est pas ce vieux bonhomme qui va m'arrêter. Je n'ai peur de rien, moi. Et puis personne ne peut comprendre que l'envie de retrouver mon papa est plus forte que tout...

Tant pis, je continuerai toute seule.

Je marche à travers la montagne toute la journée. Le chemin est rude. Je grimpe, j'escalade ; plusieurs fois, je manque de tomber... Le soir tombe quand j'aperçois enfin la lisière de la forêt. Une drôle de maison se dresse devant moi. Je frappe timidement à la porte... Personne. Ce n'est pas bien d'entrer comme ça chez les gens, mais j'ai tellement faim : une corbeille de fruits m'attend sur la table. Je me goinfre de pommes. Rassasiée, je m'endors sans demander mon reste.

Je ne sais pas encore que je me suis endormie dans le lit d'une sorcière.

Quand je me réveille, horreur ! la fameuse sorcière est penchée sur moi, des ciseaux à la main. Je touche mes cheveux : coupés ! Elle m'a coupé les cheveux ! Je me lève en catastrophe, je cours vers la porte. Vite ! vite ! mais le loquet est bloqué. Je me retourne. La sorcière s'avance en ricanant. Elle frappe comme une folle sur son seau de cendres. Il y en a partout, je marche dedans. Tout à coup, la vieille femme se calme. Elle examine mes traces de pas. Je n'ose plus bouger.

– Je vois ton père ! Il est en danger !
– Mon père ? Il est où ?

En guise de réponse, elle me tend une pomme en grommelant.

– Allez, file !

La sorcière avait utilisé mes cheveux pour faire sa magie. Je devrais lui en vouloir mais, à sa manière, elle m'a encouragée à continuer. Je franchis un pont, et me voilà maintenant dans la forêt. Je me sens toute petite, tout à coup. Autour de moi les arbres craquent, les oiseaux me percent les tympans, des tas d'animaux invisibles me frôlent. J'ai peur.

J'arrive près d'une source ; j'ai l'impression d'être déjà passée par là. Ce n'est pas possible : je tourne en rond ! Je suis perdue ! Les larmes me montent aux yeux. Mon papa et ma maman me manquent trop !

J'ai passé ma nuit à pleurer. Au petit matin, un bruit me réveille. Là ! quelque chose ! J'avance avec prudence… et me voilà nez à nez avec une étrange créature, un drôle de bonhomme. Ahhh ! je recule. Il recule. En fait, on a aussi peur l'un que l'autre. Mais je vois vite qu'il ne me veut aucun mal. Il est gentil comme tout, même s'il parle bizarrement…

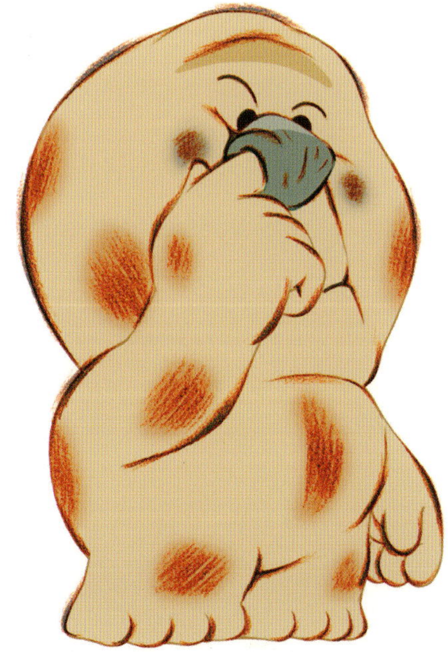

Je finis par comprendre que c'est un Migou, et qu'il n'est pas seul. Les Migous possèdent des pouvoirs magiques extraordinaires. Ils peuvent même changer de taille.

Je leur demande s'ils ont vu mon père. Ils m'emportent au sommet d'une montagne. Là-haut, la vue est incroyable : un lac magnifique, avec au beau milieu un arbre immense.

– Arbre sacré. Nous ô protéger ! Si arbre li mouri, Migous li mourri aussi !

C'est bien beau, tout ça, mais je sais toujours pas où est mon père...

Les Migous ont disparu : et si c'était qu'un rêve ? Pourtant, j'ai l'impression qu'ils ne sont pas bien loin...

Tout à coup, surgi de nulle part, un homme s'approche de moi. C'est Jekhide, le patron du chantier où travaille mon père ! Lui aussi cherche les Migous, et il est très en colère. Il me dit que les Migous ont saccagé son chantier. Mais je n'arrive pas à le croire : mes nouveaux amis ne sont pas comme ça ! Alors Jekhide m'emmène dans son hélicoptère.

– Viens avec moi : je vais te montrer ce qu'ils ont fait, tes soi-disant petits copains.

Dans l'hélicoptère, il y a son fils, Aldrin. Il a l'air tout gentil. C'est pas comme son père : quel drôle de type, celui-là ! Jekhide me pose plein de questions, alors je lui raconte tout : l'arbre sacré, le lien avec les Migous, la magie… Il ricane méchamment, et sort un bazooka, direction le lac.

Je me rends compte un peu tard qu'une seule chose l'intéresse : détruire les Migous.

Et moi, comme une sotte, je lui ai tout dit.

– Noooooon !

Je me précipite sur Jekhide. Trop tard. Le coup est parti. D'un tir de roquette, il pulvérise l'arbre à moitié.

– Vous n'avez pas le droit de faire ça ! Assassin !

Alors il me répond d'une voix odieuse que mon père est mort dans l'éboulement du tunnel et que je ne le reverrai plus jamais.

C'est comme si le ciel s'écroulait sur ma tête. Je lui saute dessus et le frappe de toutes mes forces. Jekhide se retourne avec des yeux de fou, menaçant :

– Sale petite vipère !

Pour lui échapper, je saute dans le vide. Aldrin me suit sans réfléchir.

Le plongeon est terrible. Je coule tout droit au fond du lac. Sans Aldrin, je me serais sûrement noyée. Il m'aide à remonter à la surface et on nage jusqu'à l'île. En sortant de l'eau, on découvre l'étendue de la catastrophe : l'arbre éventré menace de s'effondrer. Les Migous pleurent autour de lui, inconsolables. Et comme lui, ils ont un trou dans le ventre.

– Ô li mouri !

Alors que les Migous se lamentent, Aldrin observe une branche tombée à ses pieds.

– C'est drôle, on dirait une racine.
– Un arbre planté à l'envers, tu veux dire ?

C'est vrai que tout est sens dessus dessous ici… mais qu'est-ce qui se passe ?

Pendant ce temps, le père d'Aldrin passe un sacré mauvais quart d'heure. Sous un ciel rouge de colère, toutes les forces de la nature se liguent contre lui. Le vent et les éclairs matraquent son hélicoptère jusqu'à ce qu'il s'écrase dans la forêt. À moitié fou, Jekhide court entre les arbres, poursuivi par une armée d'animaux qui le mordent, le griffent... Il se réfugie dans une caverne, mais une volée de chauves-souris le fait basculer dans une faille et un énorme tas de rochers s'effondre sur lui.

Au fond de la crevasse, Jekhide voit sa dernière heure arriver. Il a peur, il est blessé… et voilà que le sol se met à trembler sous ses pieds. Une main sort de terre et lui attrape le bras.

– Ahhh ! le diable ! Pitié !!!

Mais ce n'est pas le diable. Pas du tout. L'homme qui sort du trou, c'est mon père ! Il a survécu à l'accident du chantier. Cela fait des semaines qu'il creuse un souterrain pour sortir de là…

Pedro arrive à convaincre Jekhide de l'aider.

– Creuser ? Tout de suite ! À vos ordres, mon capitaine !

Ça, c'est Jekhide. Il est un peu bizarre. Trop d'émotions, sans doute. Il se jette sur la paroi et creuse comme un enragé. À deux, ça va plus vite.

À force de fouiller la terre, ils débouchent dans une grotte. Au-dessus de leur tête se déploie un magnifique feuillage. Comme si un arbre avait poussé sous terre…

– Vous avez déjà vu une chose pareille, mon capitaine ?

Sur l'île, juste au-dessus, l'arbre sacré continue de mourir. Impuissante, je regarde son tronc déchiqueté se briser et se fracasser dans l'eau. C'est la fin : une onde glaciale se répand depuis les racines à la vitesse de l'éclair, gelant tout sur son passage. Le froid entre par mes orteils et m'envahit des pieds à la tête. J'ai froid, tellement froid… Je m'évanouis dans les bras d'Aldrin et nous glissons tous les deux sur le sol glacé.

Le monde entier, pétrifié, s'arrête de respirer.

Sous nos pieds, mon père et Jekhide s'écroulent aussi, inanimés. Seuls les Migous résistent à la vague polaire. Un peu plus tôt, ils nous ont entendus parler d'arbre planté à l'envers. C'est le mot magique ! Ils répètent sans cesse « L'envers, l'envers ! » et soudain, explosent de joie, comme si la mémoire leur revenait. Ils grandissent, grandissent, grandissent… et les géants plongent sous terre. Ils font un cercle autour du dernier fruit accroché au cœur de l'arbre mort. Ils soufflent dessus, doucement, tout doucement… et la graine se met à germer.

Un nouvel arbre sort soudain de terre. Un vent de poussières célestes descend sur lui. La nature retrouve sa beauté. Les fleurs poussent, les oiseaux se mettent à chanter, les biches à gambader… Tout est redevenu comme avant.

Avec Aldrin, on se réveille, émerveillés. Mais je suis inquiète : on ne peut pas rester là, au milieu du lac. Il faut traverser avant qu'il soit complètement dégelé. Derrière nous, un bruit nous arrête : sur l'île, un trou se forme, et des hommes sortent de terre.

– Papa !

C’est mon Papounet ! Je cours sur la glace et me jette dans ses bras. On se serre à se faire mal. Quel bonheur ! J’ai retrouvé mon petit Papounet !

Puis Jekhide sort de terre à son tour et se dirige vers son fils. Il lui demande pardon. Aldrin hésite un instant, me regarde... et finit par l’embrasser aussi. À ce moment-là, une goutte tombe sur le bout de mon nez. Puis une autre. Et une autre encore. Enfin, la pluie ! Cette pluie qu’on attend tous depuis des années.

Fini la sécheresse : le monde va enfin pouvoir revivre.

Aldrin me regarde. Je suis heureuse.